EDELVAN JOSÉ DOS SANTOS

Novena de São Jorge

EDITORA
SANTUÁRIO

Direção editorial: Pe. Fábio Evaristo R. Silva, C.Ss.R.
Coordenação editorial: Ana Lúcia de Castro Leite
Copidesque: Luana Galvão
Revisão: Sofia Machado
Capa e Diagramação: Mauricio Pereira

Textos bíblicos extraídos da *Bíblia de Aparecida*, Editora Santuário, 2006.

ISBN 978-65-5527-023-5

2ª impressão

Rua Pe. Claro Monteiro, 342 – 12570-045 – Aparecida-SP
Tel.: 12 3104-2000 – Televendas: 0800 0 16 00 04
www.editorasantuario.com.br
vendas@editorasantuario.com.br

São Jorge

São Jorge nasceu no ano 275, na Capadócia, região da atual Turquia. Na infância, ele e sua mãe mudaram-se para a Palestina, depois de seu pai morrer em uma batalha. Quando moço, Jorge ingressou no exército romano, e, devido sua extrema habilidade e notória capacidade de guerrear, fora-lhe dado posto de capitão do exército e, posteriormente, de guarda particular do imperador Diocleciano.

Contudo, como fiel cristão, sentia-se incomodado com a forma agressiva e desumana com a qual o Império de Roma tratava os seguidores de Jesus Cristo, que eram torturados até a morte por causa da fé.

Quando sua mãe faleceu, Jorge ofereceu todos os bens herdados aos pobres, como gesto de amor ao próximo e, sobretudo, a Deus.

No ano de 302, Diocleciano publicou um decreto, que exigia que todo soldado romano fosse preso ao se declarar cristão. Quando Jorge soube de tal lei, foi diante do imperador e manifestou seu amor a Cristo e sua fé nele. Por apreciar a destreza do soldado em suas batalhas, Diocleciano ofereceu a ele propriedades e dinheiro para abandonar a fé em Deus; mas Jorge renunciou os bens materiais.

O cruel imperador ordenou que torturassem o honrado jovem, que, mesmo diante de tamanha agonia, permaneceu firme em seu propósito de servir a Jesus e morrer pela causa da fé. Desse modo, o guerreiro de Cristo foi degolado a mando do imperador, em 23 de abril de 303, em Nicomédia, Ásia Menor.

São Jorge manteve-se firme no desígnio de seguir os mandamentos de Deus, testemunhando sua fidelidade a Jesus Cristo. Tão grandiosa é a importância de sua figura para a história da fé cristã que é venerado pela Igreja Romana, Ortodoxa e Anglicana.

A conhecida imagem de São Jorge tem símbolos profundos. A armadura do santo representa a armadura divina para o cristão se defender das ciladas do demônio; o Evangelho é simbolizado pela espada e, também, pela lança, que fere o dragão; a capa vermelha traduz o sofrimento de São Jorge durante o martírio; o cavalo branco representa a pureza e a santidade, virtudes necessárias na luta do bem contra o mal; o dragão simboliza o diabo e a perseguição do Império Romano contra o Cristianismo; a igreja e o caminho, ilustrados ao fundo da imagem do santo, representam a Igreja, que é Jesus Cristo, e a difícil caminhada para se chegar à plena salvação.

A festa litúrgica de São Jorge é celebrada em 23 de abril. Eleito patrono de diversos países, entre esses Portugal e Inglaterra, é também padroeiro do estado do Rio de Janeiro, dos escoteiros e da Cavalaria do Exército Brasileiro.

Oração inicial

– Em nome do Pai, do Filho e do Espírito Santo.

– Amém!

– A nossa proteção está no nome do Senhor,

– que fez o céu e a terra!

– Ouvi, Senhor, minha oração!

– E chegue até vós o meu clamor!

– Vinde, Espírito Santo, enchei os corações de vossos fiéis e acendei neles o fogo do vosso amor. Enviai vosso Espírito e tudo será criado! E renovareis a face da terra! Oremos: Ó Deus, que instruístes os corações dos vossos fiéis com a luz do Espírito Santo, fazei que apreciemos retamente todas as coisas, segundo o mesmo Espírito, e gozemos sempre da sua consolação. Por Cristo, Senhor nosso. Amém!

Oferecimento da Novena: Ó glorioso São Jorge, bravo guerreiro de Cristo, vestido e armado com tuas armas da fé, que meus inimigos jamais tenham pés para me alcançar nem mãos para me apanhar. Os maus olhos jamais me enxergarão, as armas da morte nunca me atingirão, pois pela fé em Cristo meu corpo e minha alma serão salvos da perseguição do dragão.

Ó Jesus, por vossa misericórdia, protegei-me e defendei-me das ciladas do maligno; ó Virgem Maria, guarda-me sob teu manto sagrado, socorre-me nas aflições e no desespero e, pela intercessão de São Jorge, que eu seja defendido das maldades e das perseguições deste mundo *(peça com fé a graça a ser alcançada)*.

São Jorge, pelo poder da Santíssima Trindade, intercede com teu escudo e tuas armas invencíveis, meu defensor pela fé em Cristo, e que meus inimigos jamais possam me atingir. Que pela força infinita do amor de Deus sejamos salvos das garras do demônio e livres da mancha do pecado. Assim seja. Amém!

Oração final

Glorioso São Jorge, pelos merecimentos de Cristo, intercede por mim e por minha família, para que jamais sejamos separados do amor de Deus. Ó Santo, guerreiro da fé cristã, virtuoso pelos dons do Espírito Santo, protege aos que a ti recorrem e necessitam de tua proteção contra a inveja, a ira e a mentira dos inimigos.

(Rezar 1 Pai-Nosso, 3 Ave-Marias e 1 Glória ao Pai.)

São Jorge, abre meus caminhos para a felicidade e paz constante, para que eu possa viver com total dedicação ao Evangelho, pois desejo ser fiel ao Pai, como tu o foste, e ser lembrado entre os merecedores da salvação eterna. Amém!

Em nome do Pai, do Filho e do Espírito Santo. Amém!

1º Dia

São Jorge, o guerreiro da fé

1. Oração inicial *(p. 6)*

2. Palavra de Deus *(1Jo 3,18-24)*

Filhinhos, não amemos só com palavras, mas por atos e de verdade. Nisto saberemos que somos da verdade e tranquilizaremos nosso coração diante de Deus, porque, se nosso coração nos acusa, Deus é maior que nosso coração e conhece tudo.

Caríssimos, se nosso coração não nos acusa, temos confiança diante de Deus e dele receberemos tudo quanto pedirmos, porque somos fiéis a seus mandamentos e fazemos o que é de seu agrado. E seu mandamento é este: que tenhamos fé no nome de seu Filho Jesus Cristo e nos amemos uns aos outros, como Ele nos ordenou. E aquele que é fiel na obediência a seus mandamentos permanece em Deus, e Deus nele; e nisto sabemos que ele permanece em nós: pelo Espírito que ele nos deu.

– Palavra do Senhor!

3. Reflexão

Quantas vezes amamos apenas por palavras e ficamos indiferentes com as misérias do irmão? De falsos amores o mundo está transbordante, pois, atualmente, o individualismo tem prevalecido sobre os atos compassivos e piedosos.

Feliz aquele que entendeu sua missão, como compreendeu São Jorge. Lutou com bravura e com fé pelo povo que vivia atormentado pelo Império Romano, por viver nos preceitos de Deus. Além de não amar apenas com palavras, ele fez de sua vida um verdadeiro gesto concreto, doando seus bens aos pobres. Para nosso glorioso santo, bastava-lhe ter o amor de Cristo, capaz de dar-lhe coragem e fé para enfrentar todo o ódio de Diocleciano.

Também somos chamados a depositar nossa vida nas mãos daquele que se entregou à crucificação para nos resgatar das trevas do pecado. O Senhor espera nosso "sim", como fez Nossa Senhora e São Jorge, intercessores diante de Deus Pai.

Ó poderoso São Jorge, recorre ao céu para que me fortaleça nos momentos mais terríveis de meu viver. Sê meu escudo nas ciladas do inimigo e roga ao Onipotente que eu seja capaz de agir em favor dos pobres e contra a injustiça social. Senhor Deus, concedei-me a fé inabalável, capaz de operar maravilhas em vosso nome. Assim seja. Amém!

4. Oração final *(p. 8)*

2º Dia

São Jorge, o bravo soldado do Senhor

1. Oração inicial *(p. 6)*

2. Palavra de Deus *(2Tm 4,1-2.5-8)*

Diante de Deus e do Cristo Jesus, que há de julgar os vivos e os mortos, em nome de sua manifestação e de seu Reino, eu te conjuro: anuncia a Palavra, insiste a tempo e fora de tempo, combate o erro, repreende, exorta com paciência incansável e com preocupação de instruir. Sê vigilante em tudo, suporta a adversidade, cumpre tua missão de pregador do Evangelho, exerce teu ministério.

Quanto a mim, meu sangue está para ser derramado em libação, e o momento de minha partida chegou. Combati o bom combate, terminei minha corrida, guardei a fé. Agora só me resta a coroa da justiça que o Senhor, justo juiz, me dará naquele dia; e não somente a mim, mas também a todos os que aguardam com amor sua manifestação.

– Palavra do Senhor!

3. Reflexão

A leitura da Palavra de Deus, neste dia de novena, instrui-nos como devemos viver à espera do dia em que o Senhor virá para o julgamento final.

Compreendemos que São Jorge, certamente, seguiu os ensinamentos contidos nessa passagem bíblica, dedicou sua vida a Cristo, sem reservas, combatendo o erro cometido pelo imperador ao matar os filhos de Deus por não renunciarem a fé. Suportou a adversidade de um reino atroz, exerceu seu ministério a serviço dos humilhados, pregou o Evangelho pela caridade; enfim, combateu o bom combate não deixando sua fé se perder e findou sua vida em um terrível martírio.

O que lhe restou? Como vimos na carta de São Paulo a Timóteo, àqueles que amam de verdade a Cristo será concedida a coroa da justiça, não a da justiça humana, que é imperfeita e desumana, mas a que permitirá ter um lugar ao lado de Deus.

Ó santo, soldado de Cristo, mantiveste a coragem de defender o Evangelho, ofertando-se em sacrifício agradável a Deus. Protege minha vida com tua lança da retidão, defende-me da inveja e dos maus desejos com tua espada da benevolência. Ó amado São Jorge, meu intercessor, roga a Deus Pai, noite e dia, sem cessar. Amém!

4. Oração final *(p. 8)*

3º Dia

São Jorge e os dois caminhos

1. Oração inicial *(p. 6)*

2. Palavra de Deus *(Mt 6,19-24)*

Disse-lhes Jesus: "Não ajunteis tesouros na terra, onde a traça e a ferrugem os destroem e os ladrões assaltam e roubam. Mas ajuntai riquezas no céu, onde nem traça nem ferrugem as podem destruir, nem os ladrões conseguem assaltar e roubar. Pois onde estiver teu tesouro, aí estará também teu coração. É o olho que ilumina o corpo. Se, portanto, teu olho for puro, todo o teu corpo ficará iluminado. Mas se teu olho for mau, todo o teu corpo ficará nas trevas. Se, portanto, a luz que está em ti for trevas, como serão grandes as trevas!"

"Ninguém pode servir a dois senhores: ou desagrada a um e agrada ao outro, ou dará preferência a este e desprezará aquele. Não podeis servir a Deus e ao dinheiro".

– Palavra da Salvação!

3. Reflexão

Muitas foram as tentativas de Diocleciano para fazer o destemido guerreiro fraquejar em sua credulidade. Não poderia o império ser afrontado por um simples soldado, pensavam os obedientes à corte; deveria Jorge respeitar primeiramente o imperador e deixar em segundo plano sua fé.

Mas o coração do nobre santo não se deixou tocar pela ambição. Se fosse para lhe dar propriedades e dinheiro, entregaria tudo aos pobres daquele império. Ao rejeitar tantas riquezas, Jorge desagradou a Diocleciano e alegrou a Deus. Escolheu o bem e menosprezou o dragão da ganância, que transforma o coração humano em pedra, diante das misérias do outro.

E a vergonha de ser afrontado deu lugar ao ódio, e o demônio implantou, no íntimo daquele homem, o desejo de vingança contra Jorge. A vida do jovem guerreiro não foi poupada; ele foi decapitado pela força do mal.

Entretanto a majestade do Senhor sempre será superior às trevas, e a morte de São Jorge foi o princípio de uma vida nova, cuja armadura divina jamais poderá ser atravessada por qualquer espada de dor. Que sejamos iguais ao guerreiro de Cristo, renunciemos as sementes da ambição e plantemos pelo mundo o perdão e a fraternidade. Assim seja!

4. Oração final *(p. 8)*

4º Dia

São Jorge e o dragão da idolatria

1. Oração inicial *(p. 6)*

2. Palavra de Deus *(Cl 3,5-11)*

Fazei morrer tudo o que há de terreno dentro de vós: a imoralidade, a impureza, a paixão, os maus desejos e a cobiça, que é uma idolatria, coisas que atraem a ira de Deus sobre os que lhe desobedecem. Vós mesmos antigamente vos comportáveis assim, vivendo nessas desordens. Agora, porém, abandonai tudo isto: cólera, exaltação, malícia, blasfêmia, palavras indecentes de vossos lábios; não faleis mentiras uns aos outros, pois fostes despojados da criatura que éreis antes, e de suas obras, e vos revestistes de uma nova criatura, que por um pleno conhecimento se renova segundo a imagem de seu Criador. Aí não existe mais nem grego nem judeu, nem circunciso nem incircunciso, nem bárbaro nem cita, nem escravo nem livre, mas Cristo é tudo em todos.

– Palavra do Senhor!

3. Reflexão

A vida de São Jorge foi marcada por renúncias. Tal como mostra sua imagem, ele lutou bravamente com o "dragão da idolatria", com suas armas da fé. Sendo tentado pelos poderosos, demonstrou sua honradez e seu respeito à fé professada, renunciando aos falsos ídolos do dinheiro, da blasfêmia, da impureza, da cobiça.

E, hoje, nossa reflexão centraliza-se nesta passagem bíblica de Mateus, em que Jesus diz ao diabo: "Vai-te, Satanás, porque está escrito: 'Ao Senhor teu Deus adorarás e só a ele prestarás culto'" *(Mt 4,10)*.

Sim, muitas vezes, nós, católicos, somos tachados como idólatras por pessoas de outras religiões. Idolatria é o culto aos ídolos e, consequentemente, estes representam-se por uma imagem, figura, estátua que simboliza uma divindade. A fé cristã, por ocasiões, é atacada como religião de idólatras e, como São Jorge, devemos defender nossa credulidade com as armas do diálogo e do respeito, não impondo nada, mas expondo, com clareza e convicção, o falso julgamento contra nossa fé.

Nossas igrejas e nossas casas, geralmente, possuem imagens de Jesus Cristo, de Nossa Senhora, de São Jorge e tantos outros santos. Jamais adoramos a imagem em si, pois elas nos conduzem a lembrar o verdadeiro Deus e, também, os homens e as mulheres que foram fiéis ao Evangelho até a morte, como fez nosso santo guerreiro.

Sim, irmãos de outras crenças, nós adoramos unicamente o Pai Criador, jamais adoramos e cultuamos as imagens, pois sabemos que elas nunca poderão operar milagres; aliás, é Deus Onipotente quem realiza todos os prodígios em nosso meio. A finalidade das imagens é, em primeiro lugar, auxiliar-nos na lembrança de que Cristo está Vivo e de que os santos, apesar de séculos se passarem, continuam sendo exemplos de filhos de Deus que escutaram e acolheram no coração a vontade do Pai e responderam "sim" a essa vontade. Em segundo lugar, as imagens e os quadros ornamentam nossos lares, nossas capelas e nossos locais de trabalho.

Enfim, se procurarmos escutar a Palavra de Deus, encontrada em Números (c. 21, v. 4-9), observaremos que o Pai pede a Moisés a construção de uma serpente de bronze. Todos que fossem picados por serpentes deveriam voltar seus olhares àquela imagem para ficarem curados. Esse episódio leva-nos a compreender o uso das imagens nos templos católicos: quando olhavam para aquele objeto brônzeo a cura acontecia, não por que a serpente de bronze realizava o milagre, mas por que, com o coração aberto à graça divina, o próprio Criador os curava. Quando olhamos a imagem de São Jorge, de Nossa Senhora Aparecida, de Jesus Crucificado, nosso coração carente de piedade e de consolo se dirige unicamente a Deus, pela intercessão dos santos, e somos curados de qualquer "veneno" pelo poder do Senhor, pois Ele é a Vida, somente Ele cura e salva.

Que São Jorge, discípulo e guerreiro de Cristo, e todos os santos intercedam por nós, e que sejamos convictos ao defendermos nossa certeza de fé, pois veneramos Maria e os santos e somente adoramos ao Deus-Amor!

4. Oração final *(p. 8)*

5º Dia

São Jorge e a luta pelo amor

1. Oração inicial *(p. 6)*

2. Palavra de Deus *(1Cor 13,1-7)*

Se eu falo as línguas dos homens e dos anjos, mas não tenho amor, sou como o bronze que soa ou o címbalo que retine. Se eu tenho o dom da profecia e conheço todos os mistérios e toda a ciência, se eu tenho toda a fé, a ponto de transportar montanhas, mas não tenho amor, nada sou. Se eu distribuo todos os meus bens e se entrego meu corpo para ser queimado, mas não tenho amor, de nada me serve.

O amor é paciente; o amor presta serviço; o amor é sem inveja; não se vangloria, nem se incha de orgulho. Não age com baixeza, não é interesseiro; não se irrita, não leva em conta o mal recebido. Não se alegra com a injustiça, mas se compraz com a verdade. Tudo suporta, tudo crê, tudo espera, tudo vence.

– Palavra do Senhor!

3. Reflexão

De vez em quando, encontramos corações ricos de bens materiais, mas vazios e sem vida por não possuírem o verdadeiro amor. Depositam todos os seus esforços em falsos tesouros, que perdem seu valor aos olhos de Deus.

Muitos têm a quem prestar socorro, mas o deixam abandonado na rua; têm a quem dedicar atenção, mas irritam-se facilmente com coisas fúteis e ficam preocupados com o acúmulo de riquezas; enfim, há corações que caçoam do irmão injustiçado, que invejam as conquistas alheias, que agem com baixeza, segundo seus próprios interesses... Que infelizes corações!

Glória a Deus Pai pelo coração que luta pelo amor e com amor! São Jorge foi um desses... Ofereceu tudo o que recebeu de herança aos necessitados daquele reino, pois sabia que o valioso tesouro estava em servir a Deus na pessoa do irmão faminto e maltrapilho.

Nosso santo guerreiro defendeu os cristãos do ódio do cruel imperador e lutou em favor do sublime Amor: Jesus Cristo. Com Ele, São Jorge tudo suportou, pois sua fé invencível concedeu-lhe duas armas poderosas contra o dragão da destruição: confiança em Deus e compaixão pelo próximo.

Ó grande soldado de Deus, ampara-me nos momentos de fraqueza, quando o desespero tomar conta de minha alma; quero lutar com amor por meus irmãos sofridos, contra a desigualdade social e a violência. Assim desejo, assim espero na presença real de Cristo. Amém!

4. Oração final *(p. 8)*

6º Dia

São Jorge, o discípulo de Cristo

1. Oração inicial *(p. 6)*

2. Palavra de Deus *(Mt 16,24-28)*

Jesus disse a seus discípulos: "Aquele que quiser seguir-me renuncie a si mesmo, carregue sua cruz e me siga. Pois quem quiser salvar sua vida vai perdê-la; mas quem perder a vida por causa de mim há de encontrá-la. Pois que adianta ganhar o mundo inteiro e arruinar sua vida? E que poderia dar em troca da vida? Porque o Filho do homem virá na glória de seu Pai, com seus anjos, e então retribuirá a cada um de acordo com suas obras. Na verdade vos digo: alguns dos que aqui se encontram não morrerão antes de terem visto o Filho do homem vir em seu Reino".

– Palavra da Salvação!

3. Reflexão

Profunda passagem bíblica que acabamos de ler, mensagem cumprida por São Jorge, santo mártir que renunciou a própria vida para edificar a Igreja de Cristo. O "dragão" da vaidade e da ganância tentou aniquilar sua fé, mas a Cruz Sagrada de Jesus sempre foi sua Luz.

Sabemos quantas armadilhas se escondem em nosso mundo. A ilusão dos prazeres e do dinheiro desperta o desejo em muitos corações, que podem ser aprisionados para sempre se não buscarem o Evangelho.

A missão confiada por Deus não foi fácil para São Jorge e também não será tarefa simples de se cumprir para nós. Somos discípulos de Jesus, que nos chama a viver a renúncia se almejarmos segui-lo. A traição, a violência, a luxúria e tantas outras sementes do mal necessitam ser destruídas com as armas da fé, ou a salvação nos prometida poderá ser destruída.

Deus concedeu-nos o livre-arbítrio, cabe a nós fazer nossa escolha: seguir o dragão das trevas ou a Cruz Sagrada de Jesus? São Jorge escolheu Cristo, com sua lança e sua espada da fé impediu Diocleciano de arruinar sua vida. A morte pelo martírio abriu-lhe o caminho da Salvação, maior tesouro que podemos possuir.

São Jorge, guerreiro intercessor, auxilia em minha caminhada de fé. Dai-me, ó Cristo, as armas da renúncia aos prazeres mundanos e da esperança de que serei salvo por vosso Amor. Assim seja. Amém!

4. Oração final *(p. 8)*

7º Dia

São Jorge, mártir da Igreja

1. Oração inicial *(p. 6)*

2. Palavra de Deus *(Mt 10,28-33)*

Disse-lhes Jesus: "Não tenhais medo daqueles que matam o corpo, mas não podem matar a alma. Temei, antes, aquele que pode fazer a alma e o corpo perecer na geena. Não se vendem dois pardais por um centavo? E, no entanto, nenhum deles cai ao chão sem a permissão de vosso Pai. E, quanto a vós, até os cabelos de vossas cabeças estão contados. Por isso, não tenhais medo! Vós valeis mais do que muitos pardais. Portanto, todo aquele que der testemunho de mim diante dos outros, eu também darei testemunho dele diante de meu Pai, que está nos céus. Aquele, porém, que me renegar diante dos outros, também eu o renegarei diante de meu Pai, que está nos céus".

– Palavra da Salvação!

3. Reflexão

Quando recordamos a vida de São Jorge, pensamos nos mártires da fé, que persistiram no cumprimento do Evangelho e se ofertaram de corpo e alma a Cristo. A opressão dos poderosos impérios da história resultou o martírio de tantos homens e tantas mulheres, que rejeitaram a ação do mal e lutaram com destemor contra o sistema humilhante da dignidade humana.

Neste momento, lembremos também os numerosos cristãos do mundo inteiro que são vítimas de violência e de perseguição religiosa. A intolerância, nos dias atuais, continua a submeter os fiéis a rígidas provações. Os impiedosos e incrédulos, exército de satanás, ainda tentam exterminar os virtuosos filhos de Deus, que constroem na fé sua fortaleza e honram a Igreja de Cristo.

Certamente, o martírio jamais deve ser buscado por nós, os filhos do Pai, mas devemos estar preparados com as armas da fé para enfrentarmos os sacrifícios e sofrimentos futuros. Não podemos ocultar o amor por Cristo e pelos irmãos, se o feroz dragão nos submeter à prova de nossa lealdade a Deus. Jesus ensina-nos, no Evangelho de hoje, que não precisamos temer aqueles que matam o corpo e que não podemos desprezar ou renunciar o Altíssimo, pois isso mortificaria nossa alma.

Que nos apeguemos ao Amor de Deus com total desprendimento das coisas terrenas. Não nos esqueçamos dos mártires, quando fraquejarmos na fé, e adoremos eternamente a Trindade Santa em agradecimento pelo maior sacrifício: a crucificação do Filho. Assim seja. Amém!

4. Oração final *(p. 8)*

8º Dia

São Jorge, poderoso guerreiro em oração

1. Oração inicial *(p. 6)*

2. Palavra de Deus *(Fl 4,4-9)*

Alegrai-vos sempre no Senhor! Mais uma vez eu digo: alegrai-vos! Vossa bondade seja conhecida de todos. O Senhor está próximo! Não vos inquieteis com nada, mas em toda necessidade apresentai a Deus vossos pedidos com orações, súplicas e ações de graças. E a paz de Deus, que ultrapassa toda compreensão, guardará vossos corações e vossos pensamentos, em Cristo Jesus.

Enfim, irmãos, ocupai-vos com tudo o que há de verdadeiro, nobre, justo, puro, amável, louvável, virtuoso e recomendável. Ponde em prática o que aprendestes, recebestes, ouvistes e observastes em mim. Então o Deus da paz estará convosco.

– Palavra do Senhor!

3. Reflexão

Os desafios da vida parecem absorver nossas forças, sentimos o vazio existencial, pelas marcas negativas que foram deixadas no coração, e caímos prostrados. Tudo parece perdido, sem motivação para modificar a situação vivida. Mas Cristo vem nos socorrer, acalentar-nos com seu amor e nos dar a chave para solucionarmos os problemas: a oração.

São Jorge teve de passar por grandes aflições. Sua comunhão com Deus acontecia quando se punha em oração, pois entendeu que, quando rezava, sentia a graça de se esvaziar de suas angústias e seus temores para que o Altíssimo fosse tudo em seu coração.

Também temos de ter a convicção de que, em qualquer necessidade física ou espiritual, devemos entrar em sintonia com o Pai pela oração, pois Ele sabe tudo o que é melhor para cada um de seus filhos. Aliás, precisamos orar todos os dias, não apenas no desânimo, na tristeza e na doença, mas também nas bênçãos recebidas.

Ó glorioso São Jorge, procuraste sempre ouvir o que o Senhor tinha a te falar. Entregaste nas mãos de Deus todas as aflições para que tomasses a decisão correta em tua batalha contra o "dragão". Auxilia-me, ó guerreiro da fé, se o desespero vier me atormentar, conduze ao Pai minhas incertezas, para que eu viva de acordo com os preceitos do Evangelho e obtenha a verdadeira Paz. Assim seja. Amém!

4. Oração final *(p. 8)*

9º Dia

São jorge, nosso grandioso intercessor

1. Oração inicial *(p. 6)*

2. Palavra de Deus *(Cl 1,24-29)*

Agora me alegro com os sofrimentos que suporto por vós e vou completando em minha carne o que falta aos sofrimentos de Cristo, em favor de seu Corpo, que é a Igreja, da qual fui constituído ministro em virtude da missão que Deus me confiou junto de vós, de completar o anúncio da palavra de Deus. Esta palavra é o mistério escondido desde os séculos e as gerações, mas que agora Deus acaba de revelar a seu povo santo. A estes Deus quis manifestar a gloriosa riqueza deste mistério entre os pagãos, isto é, Cristo em vós, a esperança da glória. Este Cristo, nós o anunciamos, exortando a todos e instruindo-os em toda sabedoria, a fim de torná-los todos perfeitos em Cristo. E é justamente por essa causa que me canso lutando, com sua energia que age em mim com poder.

– Palavra do Senhor!

3. Reflexão

A missão confiada a São Jorge terminou com seu martírio, mas ele sentiu a felicidade do dever cumprido, pois cada atitude e cada palavra não foi em vão. As dores e a humilhação até a morte fizeram o jovem soldado sentir um pouco do grande sofrimento que Jesus passou. Lutando pela fé professada, declarou seu amor a Cristo, nosso único Salvador.

Se nossa cruz está pesada, imaginemos a cruz de tantos santos que derramaram seu sangue para continuar o anúncio do Evangelho, que necessita ser mais proclamado nos dias atuais. Falta-nos a fé verdadeira, aquela fé que não se envergonha e não se rebaixa pelas calúnias e zombarias dos ateístas, que negam a existência de um Deus tão misericordioso, capaz de realizar maravilhas em nossa vida.

Devemos pedir ao Espírito Santo que derrame seus sete dons sobre nosso ser, para que sejamos, como São Jorge, autênticos cristãos, defensores da Palavra e guerreiros da fé.

Ó grandioso intercessor, morreste pela crueldade do império da morte, mas tal gesto engrandeceu a Igreja de Cristo. Confiaste no poder majestoso do Pai, que jamais esquece aquele que glorifica o Filho e defende o irmão das barbaridades deste mundo. Tua vida terrena foi eliminada, mas Deus te revestiu com as vestes do Cordeiro e recompensou com a vida eterna.

Ó amado São Jorge, intercede junto a Deus Pai para que sejamos sempre imitadores de Cristo, propulsores da esperança e guerreiros da fé. Assim seja. Amém!

4. Oração final *(p. 8)*

Este livro foi composto com as famílias tipográficas calibri e Bellevue
e impresso em papel Offset 75g/m² pela **Gráfica Santuário.**